연탄은 비싸지더라도
사랑은 비싸지면 안 된다

연탄은 비싸지더라도
사랑은 비싸지면 안 된다

이승규 시집

 별의친구들

나는 뇌전증으로 움직임이 느린 경계선 지능입니다. 장애인으로 등록할 정도는 아니어서 장애인 등록은 할 수 없었지만 그 느림 속에서 세상을 깊게 바라보는 법을 배웠습니다.

<별의친구들>에서 '한 가지 일에 집중하는 힘'을 익히고, 책을 읽으면서 마음의 속도를 키워 왔습니다.

움직임이 느리다는 이유로 외로웠던 시절, 선생님께서 '써 보라'고 건넨 시가 내 세상을 바꿨습니다. 늘 들고 다니던 스마트 폰에 마음을 적기 시작했고, 그 글들이 모든 사람들에게 칭찬을 받았습니다.

나와 같은 어려움을 겪고 있는 사람을 만난다
면 이렇게 말해주고 싶습니다.

"어려움을 알고 선생님과 상담하기.
어려움을 부끄러워하지 않기.
친구와 취미나 특기를 나누며 사귀기.
행복은 내 안에 있다는 걸 알기.
이 네 가지만 알면 사회에서도 행복하게 살 수
있어."

2025년 가을에 별의친구들 예비가디언 이승규가

★ 목차

시인의 말 | 느리지만 깊게

3. 마음이 따뜻해지는 글

4. 봄 여름 가을 겨울

★
1. 별과 치유

경계 청년들

경계 청년이란 장애인과 일반인 사이에 있는 청년들을 지칭하는 단어로 <별의친구들>같이 정규학교에 가지는 않지만 사회에 나가서 일을 하고 사회에 적응하고 싶어하는 사람들을 말합니다.

경계 청년들은 다른 장애인처럼 눈에 띄는 문제점이 없어서 지원을 받지 못하고, 사회에 적응을 못해 어려움을 겪고 있습니다.

대표적인 어려움은 취직을 하기 어려운 것입니다. 그래서 경계 청년들에게는 사회의 따뜻한 관심이 필요합니다.

경계인들을 위해 우리가 할 수 있는 일은 <별의 친구들>과 같은 경계인들이 운영하는 카페별과 청년 쿠키를 많이 이용하고 알리는 것입니다.

커피 • 1

커피 한 잔에 우리의 꿈을 싣고
슬픔은 잊어버리고 앞으로 나간다.
그것이 별의친구들

커피 · 2

안 좋은 일은

커피와 함께 마시고 잊어버리고

새해라는 선물을 받자

별의친구들

우주까지 우리의 꿈을 펼칠

우리의 꿈의 장소 별의친구들

승규는요

제가 가진 특별함인 뇌병변은 몸의 움직임이 느려진다는 것으로 체육을 잘 못한다는 거지만 글을 쓰거나 커피를 만드는 데 불편함이 없습니다. 지금은 별의친구들을 만나 바리스타가 되는 목표로 배우고 있습니다.

승규 생각 • 1

• 입학을 고민하는 학교 밖 청소년에게 해주고
싶은 조언 :
집도 나쁘지 않다.

• 학교 밖 청소년의 부모님에게 해드리고 싶은
말 :
우리 학교는 좋으니까 입학해도 된다.

• 별지기를 설명하는 2줄 시 짓기 :
별지기는 소중하다.
왜냐하면 우리를 소중하게 여기기 때문이다.

승규 생각 • 2

평화란 : 갈등 없이 편안한 상태

경계인이란 : 정상인과 조금 다른 사람들

장애란 : 몸이나 마음이 불편함,

    그리고 사람이 만든 의미

다양함 : 모든 사람이 가지고 있는 것

차별 : 언젠가 사라져야 할 것

능력 : 각자 다른 힘

내가 가진 장애 또는 다양한 능력 :

움직임이 느리지만 글을 잘 쓴다.

내가 가진 특별함은

항상 잘 웃어서 싸울 일이 적다.

고마운 분들께 드리는
두 줄 시

저희를 도와주셔서 고맙습니다.

저희도 누군가에게 고맙습니다,라는 말을 들으
면 좋겠습니다.

우리를 고용해 주세요,라고
기업에게 부탁하는 편지

고마운 사장님들께

저희의 자립을 위해 일자리를 주시면 감사하겠습니다. 저희는 분명 처음에는 서툴지만 그만큼 꼼꼼히 일하겠습니다.

부디 저희를 도와주십시오.

고마운 사장님들.

치유

치유는 무엇인가

치유는 몸을 고치는 것이 치유인가

치유는 마음을 고치는 것이 치유인가

치유는 몸과 마음 둘 다를 고쳐야 치유이다

누군가의 치유를 원한다면

먼저 그 사람의 아픔을 알고

치유를 위해

어떤 방법이 효과적인지를 알아야 한다

그리고 꾸준히 노력해야 된다

나의 치유 경험

나의 치유 경험은
부모님에게 따뜻한 말을 들은 게 처음이다
치유가 필요한 사람이라면
먼저 자신의 아픔을 알리는 게 중요하다

★ ★
2. 성탄

크리스마스 • 1

크리스마스에는 산타가 온다.

루돌프도 온다.

크리스마스에는 눈싸움이 온다.

눈사람도 온다.

크리스마스가 왔다.

겨울이 왔다.

크리스마스 • 2

같은 크리스마스라도 사람마다 의미가 다르다
어린애는 순수하게 선물을 기다리는 크리스마스
청소년은 마트에서 장난감을 기다리는 크리스마스
청년은 크리스마스 선물을 고민하는 크리스마스
노인은 손자들 재롱에 흐뭇한 크리스마스

크리스마스 선물 · 1

어릴 때는 양말 선물 하나로 기뻐했고

초등학교 때는 만화책 하나를 좋아했고

중고등학교 때는 문상을 좋아했고

지금은 케이크나 외식이 좋다

크리스마스 선물 • 2

어릴 때에는

양말에 있는 초콜릿 하나가 그렇게 기뻤고

학교에 가서는

선물로 무엇을 받을지 고르는 게 기뻤고

학교를 졸업하면서부터는

선물보다 파티가 기쁘고

어느새 어른이 되니

선물을 받을지보다 뭘 줄지가 기쁘다

성탄 · 1

성탄은 축복이다.

축복은 모두가 가져야 축복이다.

탄생은 그 자체가 기적이다.

우리가 그 기적을 지켜야 된다.

성탄의 축복은 모두의 것이다.

탄생은 최고의 축복이다.

성탄 · 2

성탄이 끝나는 건 새해의 시작

새해가 지나가면 성탄의 시작

끝이 가면 시작이 오고

시작이 가면 끝이 온다.

크리스마스 쿠키

저희 별의친구들에서는

크리스마스를 맞아

크리스마스 쿠키 세트를 만들어 팝니다.

크리스마스 파티를 위해

저희 쿠키를 사주시면 고맙겠습니다.

부디 저희 청년 산타들의 선물을

아이들에게 전해주세요.

캐롤

들려오는 건 징글벨

어릴 때 듣던 캐롤과 같지만

느낌은 다르네

그때는 그저 신났지만

지금은 추억만 남네

산타 · 1

누구나 산타를 본 적은 없지만

누구나 어려운 사람을 위한 산타가 될 수 있다

산타 · 2

어릴 때는 언제 오나 기다렸던 산타

지금 보니 부모님이셨던 산타

어른은 모두 산타가 될 수 있다

어른은 모두 산타가 돼야 한다

성탄에 필요한 가슴 따뜻한 말

크리스마스 선물

내가 받으면 작은 기쁨

내가 주면 큰 기쁨

기부보다 더 큰 선물은 없습니다

크리스마스는 나눔과 함께 합시다

루돌프

루돌프의 빨간 코
어릴 때는 그저 당연했고
청소년 때는 그저 신기했고
지금은 그저 관심이 없다

연말

어느새 연말이 오고

어느새 연초가 온다

연초가 가고 연말이 온다

연말이 가고 연초가 온다

★ ★ ★
3. 마음이 따뜻해지는 글

연탄

연탄은 비싸지더라도

사랑은 비싸지면 안 된다

추위

몸이 추우면 마음이 춥고
마음이 추우면 몸이 춥다.
그것이 겨울이다.
겨울은 춥다.

눈

아기 때는 눈사람을 기뻐했고
어린이는 눈싸움을 기뻐했고
청소년은 눈썰매를 기뻐했고
어른이 되니 눈이 그저 귀찮을 뿐

나를 사랑하는 법

나를 사랑하려면

우선 나를 잘 알아야 한다.

나를 알고 나를 사랑해야

남을 알고 남을 사랑할 수 있다.

먹고 놀고 살자

먹자 먹자 열심히 먹자

놀자 놀자 열심히 놀자

살자 살자 열심히 살자

별

하늘에 별이 있다.

반짝반짝 별이 있다.

마음에 별이 있다.

반짝반짝 별이 있다.

우리가 별이다.

꿈이 있는 우리가 별이다.

별똥별

하늘에서 별이 내린다

비처럼 내린다

하늘에서 별이 내린다

자꾸자꾸 내린다

별이 내린다

별빛이 내린다

해와 달

언제라도 밝은 해

언제라도 뜨거운 해

계절마다 다른 달

초승달부터 보름달까지 있는 달

언제나 해처럼 밝고

언제나 보름달처럼 풍족하기를

새해

떡국을 먹으면
나이가 늘고
용돈을 받으면
즐거움이 늘고
나쁜 일은 줄고
좋은 일은 늘어나는 설날

세천사

세상을 천천히 살아가는 사람

세상을 천천히 좋아지게 하는 사람

세상의 작은 천사

세천사

파티

파티는 무엇을 먹느냐보다

파티는 누구와 먹는가가 중요하다

피자나 햄버거만 있어도

친구와 같이 먹으면 신난다

나눔

나눔을 받는 것에 좋아하지 말고
나눔을 할 수 있다는 걸 좋아하고
나눔을 해서 받는 칭찬을 진심으로 좋아하자
그것이 진짜 선물이다

보물

눈에 보이는 보물도 보물이고

눈에 보이지 않는 보물도 보물이다.

눈에 보이는 금은보화도 좋고

눈에 보이지 않는 마음의 보물도 좋다.

선물

내 생일에 받아도 좋은 선물

남의 생일에 줘도 좋은 선물

어렸을 때는 받아서 좋은 산타의 선물

어른이 되면 내가 산타가 돼서 주는 선물

받아도 좋은 선물

줘도 좋은 선물

★★★★
4. 봄 여름 가을 겨울

침대

봄에는 춘곤증 때문에 못 나가고
여름에는 덥기 때문에 못 나가고
가을에는 책 읽기 때문에 못 나가고
겨울에는 겨울잠 때문에 못 나가는 침대

향기

봄의 향기는 꽃의 향기

여름의 향기는 수박의 향기

가을의 향기는 곡식의 향기

겨울의 향기는 귤의 향기

비 • 1

비가 내린다

봄에는 부드러운 봄비

여름에는 많이 오는 여름비

가을에는 차가운 가을비

겨울에는 눈을 녹이는 겨울비

비・2

비가 내린다.

봄이니까 봄비가 내리고

비가 내린다.

여름이니까 장마가 내리고

비가 내린다.

가을이니까 가을비가 내린다.

비가 내린다.

겨울이니까 겨울비가 내린다.

꽃

봄에는 벚꽃

여름에는 해바라기

가을에는 코스모스

겨울에는 눈꽃

사계절 내내 꽃

봄

꽃은 우릴 본다.

나무도 우릴 본다.

우리도 꽃을 본다.

우리도 나무를 본다.

여름

여름은 푸르다.

바다도 강도 푸르다.

숲도 푸르다.

도전과 성장도 푸르다.

가을

가을은 풍요다.

먹을 게 많아 몸이 풍요다.

책이 많아 마음이 풍요다.

낙엽이 많아 자연이 풍요다.

겨울

겨울은 하얗다.

겨울은 차갑다.

겨울은 순수하다.

겨울은 조용하다.

달력 만들기

1월 별이 시작하는 달

2월 별이 준비하는 달

3월 별이 벚꽃처럼 피어나는 달

4월 별이 밝게 빛나는 달

5월 별이 푸르게 성장하는 달

6월 별이 꿈꾸는 달

7월 별이 즐겁게 노는 달

8월 별이 뜨거워지는 달

9월 별이 익어가는 달

10월 별을 수확하는 달

11월 별이 조용해지는 달

12월 별이 잠드는 달

노곤함

봄에는 춘곤증 때문에 노곤하고
여름에는 더워서 노곤하고
가을에는 낙엽 때문에 노곤하고
겨울에는 아파서 노곤하다

닭

봄에는 운동회라고 치킨

여름에는 복날이라고 치킨

가을에는 뒤풀이로 치킨

겨울에는 파티라고 치킨

사계절 먹는 치킨

자꾸 먹는 치킨

귀찮음

봄이면 춘곤증이라 귀찮고
여름이면 더워서 귀찮고
가을이면 낙엽 떨어져서 귀찮고
겨울이면 눈이 와서 귀찮다.
언제나 귀찮다.
뭐든지 귀찮다.

끝

봄의 끝은 여름의 시작이요

여름의 끝은 가을의 시작이요

가을의 끝은 겨울의 시작이요

겨울의 끝은 봄의 시작이요

끝이 시작이고 시작이 끝이다

★ ★ ★ ★ ★
5. 음식

피자

쪽쪽 늘어나는 치즈도 피자의 맛

매콤 짭짤한 소스도 피자의 맛

고소한 빵도 피자의 맛

다 같이 있어야 피자

다 같이 맛있는 피자

빼빼로

기다란 과자 기다란 마음

달디단 과자 달디단 마음

가래떡도 빼빼로도 마음을 전하는 소중한 친구

탄산음료

단맛이 좋은 탄산음료

목 넘김이 좋은 탄산음료

계속 먹어도 좋은 탄산음료

귤과 오렌지

　귤과 오렌지는 겨울의 과일로 신맛과 단맛이 특징으로 오렌지는 귤보다 크고 맛도 신맛이 더 세서 주로 요리에 들어가고 귤은 작고 단맛이 더 세다. 레몬도 귤과 오렌지의 친척으로 신맛이 제일 세다. 이런 과일은 주로 잼이나 주스로 먹는 게 많고 비타민이 풍부하다. 신맛이 있는 과일을 양치 후 먹으면 기분이 이상하다.

계란

삶으면 삶은 계란

구우면 구운 계란

프라이팬에 올리면 계란 프라이

밀가루로 반죽하면 빵

찌면 계란찜

돌돌 말면 계란말이

계란은 뭐든지 될 수 있다

사람도 뭐든지 할 수 있어야 한다

편의점 우유

편의점에서는 다양한 우유를 팝니다.

초코우유 커피우유 딸기우유 바나나우유 등

다양한 우유를 팔고 이름도 다양합니다.

춘식이나 CU우유가 대표적입니다.

초코우유는 부드러운 단맛이 특징이고

커피우유는 강한 단맛이 특징이고

딸기와 바나나 같은 과일 우유는

진짜 과일과 같은 향이 특징이다.

이런 우유는 달아서 맛이 좋지만

살이 찔 수 있다고 한다.

그래도 싸고 양이 많아서 나는 좋아한다.

우유

흰 우유도 우유다

까만 초코우유도 우유다

갈색 커피우유도 우유다

핑크색 딸기우유도 우유다

노란 바나나우유도 우유다

모두가 우유다

다 같은 우유다

빵

달콤한 향이 나는 빵

달콤한 소리가 나는 빵

달콤한 맛이 나는 빵

쿠키

달디단 맛도 쿠키의 맛
쓰디쓴 맛도 쿠키의 맛
만드는 고생도 쿠키의 일부
지켜보는 보람도 쿠키의 일부

커피 • 3

쓰디쓴 에스프레소

양 많은 아메리카노

고소한 카페라떼

라떼아트를 만드는

카라멜 마끼야또

달콤한 카페모카

모두가 커피다

커피 · 4

커피의 쓴맛은 인생의 쓴맛이라고 한다.

커피의 향은 인생의 향기라고 한다.

그래도 나는 단 카페모카와 카라멜 마끼야또의

향과 단맛이 좋다.

커피 • 5

아침을 시작하는 커피 한잔

점심을 먹고 쉬는 커피 한잔

저녁을 끝내는 커피 한잔

누구는 쓰게 누구는 달게

먹는 맛은 달라도 커피를 먹는다.

라면

매워서 신이 나는 신라면

안심인 안성탕면

진해서 진라면

일요일에는 짜파게티

열 나서 열라면

햄맛 나는 삼양라면

마요네즈에 도시락 우동 같은 너구리

컵라면이 맛있는 육개장

매콤한 라면볶이

나폴리탄 같은 스파게티

오른손으로 비비고 왼손으로 비비는 비빔면

시원한 둥지냉면

진한 맛의 소바

너무 매운 엽기라면

진짜 같은 양념치킨면

새하얀 나가사키 새우 같은 새우탕면

깨맛나는 김통깨

부셔 먹는 뿌셔뿌셔

떡국

떡국의 맛은 무엇인가?

든든한 고깃국의 맛인가?

고소한 계란의 맛인가?

달달한 쌀의 맛인가?

아니면 가족의 맛인가?

겨울 간식

겨울에 주로 먹는 간식은
붕어빵 호빵 등 따뜻한 것을 많이 먹고
크리스마스가 가까워
케이크도 먹는다.
군고구마 찐 감자도
사람들이 좋아한다.

패스트푸드

맥도날드 햄버거도 햄버거고
시간이 오래 걸리는 수제 햄버거도 햄버거다.
피자빵도 피자고
매우 비싼 피자도 피자다.
문방구 닭튀김도 치킨이고
양념치킨 후라이드 치킨도 치킨이다.
음식은 음식이다.
단지 정성이 다를 뿐.

밥

뭉쳐먹는 주먹밥

달콤한 유부초밥

뜨끈한 국밥

간편한 김밥

볶아먹는 볶음밥

비벼먹는 비빔밥

모두가 맛있는 밥

색다른 밥

★★★★★★
6. 성장 그리고 꿈

한 해 동안 내가 배운 것

나는 이번 한 해 동안 다양한 수업을 받으면서 커피를 만드는 법과 기타를 치는 법 등 다양한 인턴십을 하면서 다양한 글을 썼습니다. 일상생활에서도 여행 등 다양한 체험을 하였습니다.

수업에서는 진로를 찾는 방법을 얻었고 인턴십에서는 협동심과 자존감을 얻었습니다.

일상생활에서의 경험도 매우 소중합니다. 다음 한 해도 이런 경험이 많으면 좋겠습니다.

내가 무엇이든지 될 수 있다면

나는 큰 카페의 점장인 바리스타가 될 것이다.

내 카페가 있는 곳은 번화가 한복판이다.

자주 여행을 가서 그곳의 맛있는 음식을 먹을 것이다. 그러면 아주 행복할 것이다.

내 가게에는 매일 손님이 올 것이고 내 가게는 항상 밝을 것이다.

손님들은 모두 좋아하신다. 나는 손님이 원하는 모든 커피와 케이크를 만들어주고 손님들도 모두 좋아하신다.

내 가게는 티비나 인터넷에서도 유명해 세계에도 알려져 있다. 나는 그 속에서 매우 뿌듯하다.

한 해를 되돌아보며

되돌아보면 기쁜 일도 있고 힘든 일도 있다.

이탈리아 여행을 가고 인턴십도 시작했다.

바리스타 자격증도 따서 즐거운 한 해다.

하지만 사회는 그렇지 않았다.

이태원 참사도 있었고

잼버리도 터지고

이스라엘과 하마스의 전쟁도 있었다.

다음 한 해는 이런 일이 없는

즐거운 일만 있으면 좋겠다.

목적지

인생의 목적이란 무엇일까.

돈과 같은 보물일 수도 있고

친구나 가족일 수도 있고

크든 작든 꿈일 수도 있다.

뭐가 됐든 자신의 목적을 잊으면 안 된다

항해

인생은 바다다

누구나 자신이란 배의 선장이 돼야 한다

그래야 자신의 목적지로 갈 수 있기 때문이다

연극

인생은 연극이란 말이 있다

뭐가 좋은 배역일까

뭐가 안 좋은 배역일까

어떤 배역이라도 열심히 하면

주인공으로서 더할 나위 없겠지

2026년 새해 다짐과 목표

나의 새해의 다짐과 목표는

살 빼기와 바리스타 취직입니다.

살 빼기를 위해서는 운동을 할 것이고

바리스타 취직은 어디든 되면 좋습니다.

★★★★★★★
7. 세상의 다양한 이야기

할로윈

할로윈은 10월 31일.

서양의 명절로 유래는 죽은 자들이 무덤에서 돌아온 날이다. 이 날 사람들은 여러 가지 분장을 하고 돌아다니고 어린이들은 집집마다 돌아다니며 사탕을 달라고 한다. 이 날의 상징으로 잭 오 랜턴이 유명하다.

세계의 귀신들

세계에는 다양한 귀신이 있다.

일본에는 구미호 오니 덴구, 중국에는 강시, 우리나라에는 물귀신과 처녀귀신 도깨비, 북유럽에는 뱀파이어 늑대 인간 스켈레톤, 중동에는 구울, 바다에는 크라켄, 미국에는 모스맨, 프랑켄슈타인이나 좀비, 가고일, 그렘린 등도 유명하다.

크리스마스 음식

　크리스마스에는 각 나라마다 다른 음식을 먹는다. 미국은 칠면조, 우리나라는 크리스마스 케이크를 먹고 프랑스는 부쉬 느 노엘, 영국은 민스파이, 독일은 렙쿠핸, 캐나다는 에그노그, 프랑스는 코코뱅, 체코는 잉어 튀김, 아르헨티나는 비텔 로네, 그린란드는 마딱, 노르웨이는 스말라호베를 먹는다.

탄산음료

탄산이란 이산화탄소를 뜻하는 것으로 이것을 물에 넣으면 탄산수가 되고 여러 가지 음료수를 넣으면 콜라 사이다 환타 밀키스 등이 된다.

탄산음료는 다양한 요리에 들어간다. 고기 등을 부드럽게 하고 화채를 만드는 데 쓰이고 치킨이나 피자 등 기름진 것과 같이 먹으면 좋다고 한다.

탄산음료는 대부분 달고 톡 쏘는 느낌이 좋아 많은 사람들이 좋아하고 나도 좋아한다.

하지만 많이 먹으면 몸에는 안 좋다 한다. 먹어도 몸에 좋은 탄산음료가 나오면 좋겠다.

파스타

파스타는 이탈리아의 면 요리로 소스와 면에 따라 다양한 종류가 있다. 소스만 하더라도 토마토소스, 크림소스, 페스토스소스, 먹물 오일 등이 있다.

면도 우리가 아는 스파게티, 스파게티니, 페텔리니, 카펠리니, 부가타니, 페투치네, 링귀네, 탈리아블레, 파파르텔레, 펜네, 리기토니, 마카로니, 푸실라, 파르팔래, 쿠스쿠스, 프레골라, 오르초, 루오테, 오레케에데, 제멜리, 스텔리니 파케리, 투베티, 파타토, 콘킬라에, 라자냐, 노키, 토르텔라나, 라비올리, 루미케 등이 있고 그만큼 종류가 다양하다.

토마토 소스를 쓰는 뽀모도로, 고기를 더한 볼로네제, 아마트리치이나 페페론치노가 들어간 아

라비아따 푸타네스카, 해물을 주재료로 쓰는 페스카토케, 명란젓 파스타, 알리 노르마, 크림 소스를 사용한 버터가 들어간 알프레도, 매운맛이 들어가 있는 투움바, 조개가 메인인 프루티 디 마레 프리마베라, 페스토스를 사용한 바질 페스토, 기름을 쓰는 피스토, 토마토를 더한 로쏘 오일을 사용한 카르보나라, 마카로니를 사용한 마카로니엔 치즈 양파 크림을 사용한 제노베제, 해물을 사용한 봉골레, 카쵸에 패패 버터와 레몬을 쓴 리모네, 먹물을 사용한 네로, 간장을 사용한 간장 파스타, 비골리인 살라 참치 파스타 등이 있다.

요리 정보 알려주기 : 볶음밥

볶음밥은 밥을 먹는 모든 나라에 있는 요리로 안 먹는 밥과 재료를 볶아먹는 요리이다. 종류도 다양해 중국의 계란 볶음밥은 기름을 많이 써서 볶아 만드는 밥이다. 황금 볶음밥이란 이름도 있고 굴소스나 짜장 소스와 같이 먹는다.

김치 볶음밥은 한국 음식으로 김치와 밥과 스위트콘 등의 야채를 같이 볶는 게 기본으로 계란프라이나 스팸 등 햄도 같이 먹는다. 또한 그 위에 피자치즈를 올린다.

삼선 볶음밥은 해물을 밥과 볶아먹는 중국식 볶음밥이다. 삼선이란 새우와 해삼과 오징어를 합쳐 부르는 말로 야채가 적게 들어간다.

야채 볶음밥은 야채와 밥을 강한 화력으로 빨리 볶아 먹는 밥이다.

필라프는 밥이 아닌 쌀을 볶아 만드는 볶음밥이다.

까오팟은 태국의 볶음밥으로 파인애플이 들어가는 게 특징으로 주로 돼지고기나 닭고기나 새우가 들어간다.

나시고렝은 케첩을 기본으로 단맛부터 매운맛까지 다양한 맛이 난다.

비르야니는 카레 볶음밥이라고 하며 찌거나 볶는 인도 요리이다. 잠발라야는 미국의 볶음밥으로 대량의 고기와 밥을 냄비의 볶아먹는다. 빠에야는 스페인의 볶음밥으로 쌀을 재료와 육수를 같이 볶는다.

우리 학교 <별의친구들> 주변 맛집

우리 학교 <별의친구들>은 당산역 1번 출구에서 쭉 직진하면 있다. 가는 길 반대쪽에 커다란 카페가 있고 그 앞에 GS25와 중국집과 분식집이 있다. 중국집은 짜장면이 맛있고 분식집은 오므라이스가 맛있다. 둘 다 양이 많아서 좋다.

메가커피와 컴포즈 카페가 있고 우리 학교 쪽에도 GS25와 버거킹이 있고 토마토 분식이 있고 중국집에서 조금만 위로 가면 CU와 공차 등 카페도 있고 김밥천국도 있고 그 앞에 빽다방이 있다.

GS25는 다양한 물건을 파는 편의점 중 하나로 나는 그중에서 춘식이란 이름의 우유를 좋아한다.

메가커피는 커피 양이 많아서 메가커피라고 하

며 커피 외에도 다양한 음료를 판다. 나는 그중에서 스무디를 좋아한다.

컴포즈는 커피 위주의 카페로 벨기에 초코 라떼가 달아서 좋다. 버거킹은 패스트푸드로 버거의 양이 많고 치킨 버거가 매콤해서 제일 좋다.

토마토는 라볶이가 특징인 분식집이다. CU도 다양한 물건을 파는 편의점으로 나는 오리지널 브랜드 우유가 좋다. 공차는 버블티가 특징이다. 나는 초코 라떼가 좋다.

김밥천국도 다양한 분식 메뉴가 특징으로 라볶이가 좋다. 빽다방도 백종원 선생님이 만드신 카페 브랜드로 저렴한 것이 특징이다. 카페 모카와 카라멜 마끼야또를 좋아한다.

이런 식으로 맛집들마다 다른 특징이 있다. 여러분은 어떤 맛집이 좋은가요?

일본의 고기 요리

일본은 원래 고기 요리가 별로 없었지만 고기의 수요가 늘어서 다른 나라의 요리에 고기를 더해 적은 양의 고기로 많이 먹을 수 있도록 만들었습니다.

고로케는 야채로 만드는 유럽의 크로켓에 고기를 더하여 고로케로 만듭니다.

카레라이스는 인도 커리에 고기와 밥을 넣은 거고, 돈가스는 유럽의 포크 커틀릿이란 이름의 큰 고기를 얇게 튀긴 요리를 반대로 얇은 고기를 튀김옷으로 튀긴 요리입니다.

* 일본은 불교의 영향으로 오랫동안 육류 섭취가 제한되었으며, 메이지 유신 이후 서양식 식문화가 유입되면서 고기 요리가 널리 퍼졌다. 시인은 이러한 변화를 '다른 나라 요리에 고기를 더한 일본식 발명'으로 재해석하고 있다.

★★★★★★★★
8. 아무 말

방학

방학이 되면
평일이 휴일이 되고
휴일이 평일이 되고
쉬는 게 일상이 되고
일상이 쉬는 게 된다.

피곤하니 아무것도 하기 싫다.
원래 쉴 때에는 아무것도 안 하는데
더욱 안 하고 싶다.

추위

추위서 힘들고
추워서 싫다.
추운 건 힘들고
추운 건 싫다.

단맛

졸릴 때 잠을 깨우는 단맛

기분이 나쁠 때 기분을 좋게 하는 단맛

몸이 피곤할 때 기운을 주는 단맛

단맛은 좋은 맛

커피·6

졸릴 때도 한 잔
안 졸려도 한 잔
배고파도 한 잔
배불러도 한 잔

커피 • 7

커피는 언제 먹는가?

잘 때 먹어도 졸린 건 졸리다.

그렇다고 안 먹으면 더 졸리다.

먹어도 졸리고 안 먹어도 졸리면

먹고 싶을 때 먹자.

눈

눈이 와서 춥고

눈이 와서 미끄럽고

눈이 와서 졸리다.

눈이 와서 힘들다.

따뜻함

마음이 따뜻하면 몸이 따뜻하고
몸이 따뜻하면 마음이 따뜻하다.
마음이 차가우면 몸이 차갑고
몸이 차가우면 마음이 차갑다.

청소

청소를 했다.
손님이 온다고 하는데
생각해 보니 나와 관련은 없다.
왜 한 거지?

개미

개미는 오늘도 일을 한다.
좋아서 하는지
싫어도 하는지
개미는 오늘도 일을 한다.

글

가끔은 글쓰기도 힘들다.

쓸 시간은 많은데 쓸 글은 없다.

시간 · 1

사람은 왔다가는데

시간은 안 가네

언제 가나 이 시간

시간 · 2

일할 때는 금방 가는 시간
생각할 때는 아주 천천히 가네
어떨 때는 토끼같이
어떨 땐 거북이 같은 시간

업무

만들라고 해서 만드는데

먹지는 못하네

이 쿠키 왜 만드나

현수막

내 시가 현수막에 들어간다고 했다.

사진을 찍어서 좋았고

선물을 안 줘서 아쉽다.

★★★★★★★★★
9. 잠

잠깐

잠깐만 눈을 감은 게

꽤나 오랜 시간

잠깐만 눈을 감으면

오랜 시간

잠깐도 길다.

수면

눈이 감기고

생각이 사라진다.

그것이 잠이다.

졸음 • 1

눈이 무거워지는 졸음

입이 멀어지는 졸음

손이 멈추는 졸음

졸음 • 2

아침에도 졸리다.

점심에도 졸리다.

저녁에도 졸리다.

그냥 졸리다 항상 졸리다.

하품 · 1

가만히 있어도 나오고

안 하려고 해도 하고

하면 더 하고 싶어지는

그것은 하품

하품 • 2

아침에 일어나면 하품

점심 먹고 하품

저녁 먹고 자기 전에 하품

입이 쩍 벌어지는 우렁찬 하품

하품·3

입이 떡 벌어지는 하품

감기는 두 눈

기지개를 해도

무거운 팔

어느새 조용해지는 주변

다 같이 잔다

다 같이 졸리다

잠

아침에는 늦잠

점심에는 낮잠

저녁에는 꿀잠

달디단 단잠

피곤할 때 꿀잠

겨울잠 • 1

봄에는 노곤해서 졸리고

여름에는 더워서 졸리고

가을에는 낙엽이 떨어져 졸리고

겨울에는 추워서 졸리다

겨울잠 · 2

겨울잠을 자고 싶다

진짜로 할 일이 없고

일을 안 해도 먹고 살 수 있다면

겨울잠만 자고 싶다

동면하고 싶다

선물

크리스마스의 가장 좋은 선물은

푸짐한 음식과 달콤한 디저트가 아니고

비싼 장난감이 아닌 그저 긴 잠일지도 모른다.

자장가

캐롤을 들어도 졸리고

찬송을 들어도 졸리다.

졸릴 때는 모든 소리가 자장가다.

펴낸 곳 | 사단법인 별의친구들
지은이 | 이승규 ©2025

기획총괄 | 육미라
기획프로듀서 | 윤태현
편집담당 | 강소운
모금 | 오상희
편집책임 | 전미경
디자인 | 꽃향기나나

발행인 | 김현수
발행일 | 2025년 12월 10일

전화 | 02-876-9366
주소 | 서울특별시 영등포구 선유로54길 13
홈페이지 | www.fos.or.kr

ISBN 979-11-972467-9-1 03810